GOTT ist an deiner SEITE

Viele Wünsche, Träume und Hoffnungen
begleiten dich auf deinem Lebensweg.
Aber sicher auch so manche Frage ...
Deshalb ist es gut zu wissen, dass es
neben deiner Familie und deinen Freunden
noch jemanden gibt, der dir zur Seite
steht und ein offenes Ohr für dich hat.

Möge Gott dir helfen,
Antworten zu finden!

DENN DER WEG EINES JEDEN
LIEGT OFFEN VOR DEN AUGEN DES HERRN,
ER ACHTET AUF ALLE SEINE PFADE.

SPRÜCHE 5,21

Was du mit **GLAUBEN** und **MUT** begonnen hast, das hilft dir Gott vollenden.

CHRISTOPH MARTIN WIELAND

Foto: StockFood/Franziska Taube

MIT GANZEM HERZEN
VERTRAU AUF DEN HERRN.
SPRÜCHE 3,5

Wir können Gottes Liebe nur dann
recht erfassen, wenn wir Jesus Christus
den Herrn unseres LEBENS sein lassen.

JAKOB ABRELL

In Gottes Händen ruht der Tag,
in Gottes Händen ruht die Nacht,
und geborgen in seiner Liebe
ruht UNSER LEBEN.

CAROL ANN HIERL

Je tiefer man die Schöpfung
erkennt, umso größere Wunder
entdeckt man in ihr.

MARTIN LUTHER

SEHT, WELCHE LIEBE HAT UNS
DER VATER ERWIESEN, DASS WIR
GOTTES KINDER HEISSEN SOLLEN –
UND WIR SIND ES AUCH!

1. JOHANNES 3,1

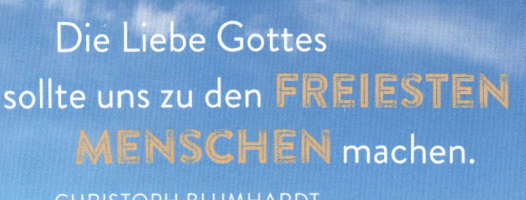

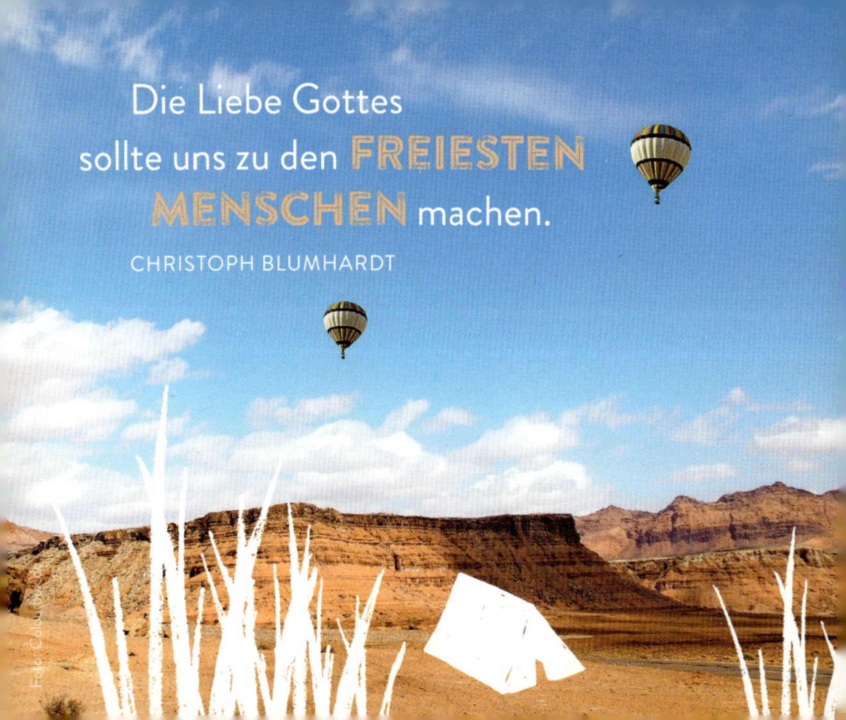
Die Liebe Gottes
sollte uns zu den FREIESTEN
MENSCHEN machen.
CHRISTOPH BLUMHARDT
Foto: Colourbox.de

Glaube ist eine lebendige, verwegene ZUVERSICHT auf Gottes Gnade.

MARTIN LUTHER

Der Mensch sieht unsere TATEN,
Gott unsere Beweggründe.

THOMAS VON KEMPEN

ERFORSCHE MICH, GOTT,
UND ERKENNE MEIN HERZ,
PRÜFE MICH UND ERKENNE,
WIE ICH'S MEINE.

PSALM 139,23

Wo Gott eine Tür schließt,
da öffnet er ein Fenster.

SPRICHWORT

Die Hoffnung ist das Fenster
unserer Seele, durch das wir immer
ein Stückchen HIMMEL sehen.

IRMGARD ERATH

Gott ist nahe, wo die Menschen einander LIEBE zeigen.

JOHANN HEINRICH PESTALOZZI

Das größte **GESCHENK** Gottes
an die Menschen ist die Freiheit,
das schönste seine Liebe.

WALTER REISBERGER

Mögest du an einem kalten Abend
warme Worte haben,
in einer dunklen Nacht den Vollmond,
und auf dem Weg nach Hause
sanften Rückenwind.

IRISCHER SEGENSWUNSCH

Auch im **KLEINSTEN WUNDER** der Natur liegt ein Hauch der Liebe Gottes.

IRMGARD ERATH

Das STAUNEN ist gleichsam die offene Tür zum GLAUBEN.

EDUARD STEINWAND

Wer zu Gott findet,
findet zu sich selbst,
findet Ruhe und Kraft.

WALTER REISBERGER

Ruhe ich, so bist du bei mir;
steige ich auf eine Höhe,
so steigst du mit mir; steige ich herab,
so steigst auch du herab.
Wohin ich mich wende, du bist bei mir.

NIKOLAUS VON KUES

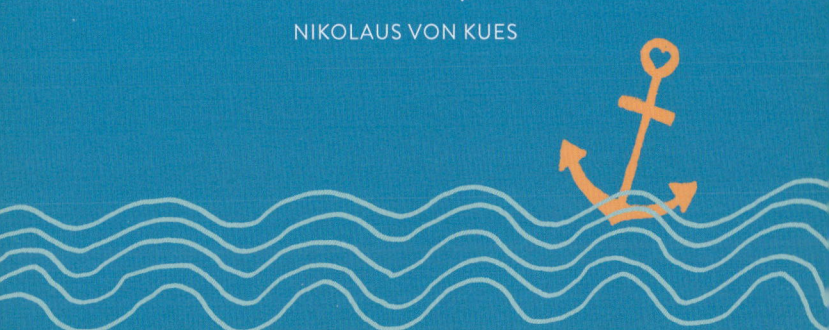

Gott, der ein **LICHT** gab
ins Dunkel der Nacht, hat dessen
Schein auch für dich gemacht.

CHRISTEL KLOTZ

Wenn Gott den **SCHATTEN** erschaffen hat, dann war es, um das **LICHT** hervorzuheben.

PAPST JOHANNES XXII.

Die Liebe hat Hände, um zu helfen,
sie hat Füße, um zu den Armen
und Notleidenden zu eilen. Sie hat Ohren,
um die Bitten und Rufe der Elenden
zu hören. Vor allem aber hat sie ein Herz,
das lieben und segnen kann.

AUGUSTINUS VON HIPPO

WUNDERBAR
SIND GOTTES WERKE.

PSALM 193,14

Wer Gott suchen will,
findet ihn überall.

NOVALIS

Geh hinein ins Verborgene,
dann siehst du,
dass Gott die ganze Zeit
mitten in deinem Alltag da ist.

OSWALD CHAMBERS

Einer hat immer
ZEIT für uns: Gott.

PETER FRIEBE

Foto: Getty Images/Eyem/Petros Petropoulos

Jeder Einzelne
ist ein ORIGINAL
aus Gottes Hand,
von ihm geliebt.

HEINZ MIEDERER

FÜRCHTE DICH NICHT UND
HAB KEINE ANGST; DENN DER HERR,
DEIN GOTT, IST MIT DIR BEI ALLEM,
WAS DU UNTERNIMMST.

JOSUA 1,9

VON ALLEN SEITEN UMGIBST DU MICH
UND HÄLTST DEINE HAND ÜBER MIR.

PSALM 139,5

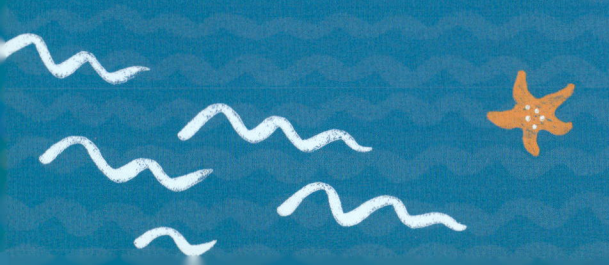

Jedes Werden liegt in Gottes Hand.

FRIEDERIKE WEICHSELBAUMER

DENN DEINE GNADE, HERR, REICHT,
SO WEIT DER HIMMEL IST,
DEINE TREUE, SO WEIT DIE WOLKEN GEHEN.

PSALM 108,5

Wandelt mit den Füßen
auf der **ERDE**; mit den Herzen
aber seid im **HIMMEL**.

JOHANNES DON BOSCO

Wo auch immer du bist:
Gott ist da. Immer an deiner Seite,
unmerklich und still.

DOROTHÉE BLEKER

Unser Glaube ist
   wie der Regenbogen,
     der uns mit
dem Himmel verbindet.

GÜNTER GOEPFERT

WACHET, STEHT IM GLAUBEN,
SEID MUTIG UND SEID STARK!
ALLE EURE DINGE LASST
IN DER LIEBE GESCHEHEN.
1. KORINTHER 16,1

In die kleinen Dinge
hat der liebe Gott
die großen **FREUDEN**
hineingelegt.

HONORÉ DE BALZAC

VERGESST NICHT, GUTES ZU TUN
UND MIT ANDEREN ZU TEILEN.
HEBRAER 13,16

Lasst keinen je zu euch kommen,
 ohne dass er glücklicher wieder geht.
Seid lebendiger Ausdruck
 der **GÜTE** Gottes.

MUTTER TERESA

Wo Menschen gemeinsam beten, weitet sich der HORIZONT.

LADISLAUS BOROS

Foto: iStock.com/PPAMPicture

Beten heißt: **STILL** werden
und still sein und **HÖREN**,
bis du Gott hörst.

SØREN KIERKEGAARD

Gott hat dir dein Leben
in die Hand gegeben und er lässt
dir die Freiheit, es zu gestalten.

WALTER REISBERGER

Wenn Gott einen Sturm schickt, dann wird er auch das **SCHIFFLEIN** steuern.

UNBEKANNT

Foto: iStock.com/Picsfive

Wenn wir das Tor,
das Jesus Christus ist,
durchschreiten, öffnen sich uns
neue **HORIZONTE.**

KARDINAL FRIEDRICH WETTER

Mit dem Blick zum Horizont öffnet sich der Blick in die Weite des HIMMELS.

HANS-JOSEPH BUHRE

Beten ist ein dankbares Annehmen
des Lebens als GESCHENK Gottes.

MARTIN BOGDAHN

Gott hat uns dieses Leben geschenkt,
damit wir etwas daraus machen.

HANS-MARTIN KÖBLER

Gott ist da.
Darin liegt auch heute noch
unsere ganze **KRAFT**.

GERTRUD UEKÖTTER

GOTT sucht uns auf
in unserer Welt.

ADOLF KÖBERLE

Jeder kann **SPUREN** Gottes
in seinem Leben finden.

GÜNTER BUHL

SIEHE, ICH SENDE EINEN ENGEL
VOR DIR HER, DER DICH BEHÜTE
AUF DEM WEGE UND DICH BRINGE
AN DEN ORT, DEN ICH BESTIMMT HABE.

2. MOSE 23,20

Gott nimmt uns die Last des Lebens nicht ab, aber er gibt die **KRAFT** zum Tragen.

JOHN HENRY NEWMAN

Kommt Gottes **KRAFT** ins Herz
hinein, trägt jede Last sich leichter.

FRIEDRICH VON BODELSCHWINGH

So wie die SONNE die Natur
mit Leben erfüllt, erfüllt Gott
des Menschen Herz
durch seine Liebe.

WALTER REISBERGER

Von Gott her fällt ein
LICHTSTRAHL in die Welt,
der unser Leben
hell und froh macht.

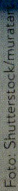

KARDINAL FRIEDRICH WETTER

Wir machen den Fahrplan,
aber Gott stellt die Weichen.

IRMGARD ERATH

WER DEM HERRN VERTRAUT,
DER WIRD SEINE GÜTE ERFAHREN.
PSALM 32,10

Die Hilfe Gottes ist unser weiter Raum, der uns frei und **FRÖHLICH** macht.

MARTIN LUTHER

Gott will, dass uns das Leben FREUDE macht.

HANS-MARTIN KÖBLER

FÜRCHTE DICH NICHT,
  DENN ICH BIN MIT DIR;
HAB KEINE ANGST,
  DENN ICH BIN DEIN GOTT.

JESAJA 41,10

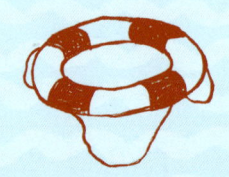

> An Gottes Hand können wir
> alle Mauern überspringen.
>
> KARDINAL FRIEDRICH WETTER

Das GEBET ist der Anker des Glaubens.

IRMGARD ERATH

Foto: Thinkstock/iStock/Jacqueline Southby

In der Liebe zu Gott
wird unser **GLAUBE** lebendig,
in der Liebe zum Nächsten
wird er glaubwürdig.

JAKOB ABRELL

Gott hat die Augen immer offen für uns, auch wenn es scheinbar Nacht ist.

JOHANN PETER HEBEL

Gott ist das **LICHT**,
das die Finsternis durchbricht
und dich erblickt.

JUTTA NIEBUHR

Beten heißt,
sich von den Engeln
die Flügel ausborgen.

MARTIN GUTL

Ein **ENGEL** sei neben dir,
um dich an der Hand zu nehmen
und dich zu schützen.

IRISCHER SEGENSWUNSCH

Glauben heißt:
ein Leben lang unterwegs sein –
zu Gott und den Menschen.

PETER FRIEBE

Möge Gott auf dem Weg,
den du gehst, vor dir hereilen.

IRISCHER SEGENSWUNSCH

Foto: fotolia/Stephan Leyk

Fröhlicher GLAUBE ist eine Tür zu wunderbaren Dingen.

ODO CASEL

Foto: iStock.com/aldra

Der Glaube hat nicht nur den Sinn,
sondern auch die **FREUDE**
in die Welt gebracht.

PAUL CLAUDEL

Gott schenke dir einen
SONNENSTRAHL,
der dich wärmt.

IRISCHER SEGENSWUNSCH

GOTT, DER HERR,
IST SONNE UND SCHILD.

PSALM 84,12

Jeder von uns ist ein
EINZIGARTIGES Geschöpf Gottes.

WALTER REISBERGER

Die **LEBENSGESCHICHTE**
eines jeden Menschen
ist ein Märchen, das von Gottes Hand
geschrieben wurde.

HANS CHRISTIAN ANDERSEN

DEINE LIEBE IST UNVERGLEICHLICH.
DU BIST UNSER GOTT,
DU BREITEST DEINE FLÜGEL ÜBER UNS
UND GIBST UNS SCHUTZ.

PSALM 36,8

Die Gewissheit, dass Gott mich kennt,
mich liebt und dass mein Leben
in seinen Händen geborgen ist,
schenkt Mut zum **LEBEN**,
Mut zum Glauben.

HERMANN VON LOEWENICH

Aus Gottvertrauen leben:
Das ist wie ein offenes
Fenster der HOFFNUNG im
Haus unseres Daseins.

JOHANNES KUHN

Ihr sollt sein wie ein Fenster,
durch das Gottes Güte
in die Welt hineinleuchtet.

EDITH STEIN

Foto: Thinkstock/iSock/Elenathewise

ICH HABE MICH AN DEINEN WEG
GEHALTEN UND BIN NICHT
EINEN SCHRITT DAVON GEWICHEN.
PSALM 17,5

Gottes **WEGE** sind nicht immer unsere Wege, aber wir können sie zu unseren machen.

IRMGARD ERATH

GOTT geht zu dem,
der zu ihm kommt.

AUS RUSSLAND

Nicht wo der **HIMMEL** ist,
ist Gott, sondern wo Gott ist,
ist der Himmel.

GERHARD EBELING

ICH DANKE DIR, HERR, MEIN GOTT,
VON GANZEM HERZEN.

PSALM 86,12

Man darf alles,
alles vor Gott bringen.

JOCHEN KLEPPER

Gott schickte das Licht in die Welt;
hilf du, es weiterzutragen.

ANNEGRET KRONENBERG

SENDE DEIN LICHT UND
DEINE WAHRHEIT,
DAMIT SIE MICH LEITEN.
PSALM 43,3

Gott sein Leben anzuvertrauen gibt **GELASSENHEIT** und Geborgenheit.

JAKOB ABRELL

FÜRCHTE DICH NICHT, ICH STEHE DIR BEI!
HAB KEINE ANGST, ICH BIN DEIN GOTT!
ICH MACHE DICH STARK, ICH HELFE DIR,
ICH SCHÜTZE DICH MIT MEINER
SIEGREICHEN HAND!

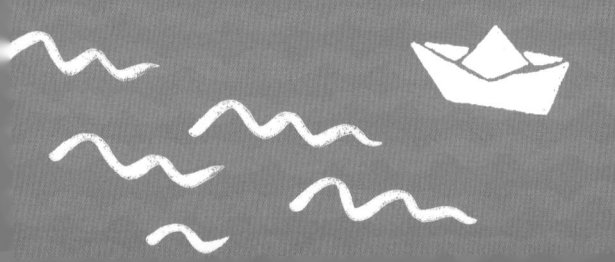

JESAJA 41,10

ALLES, WAS IHR TUT,
GESCHEHE IN LIEBE.

1. KORINTHER 16,14

Der hat immer zu geben,
dessen Herz voll LIEBE ist.

AURELIUS AUGUSTINUS

Glauben heißt,
im **VERTRAUEN**
auf Gott
die Zukunft wagen.

WALTER REISBERGER

WER ABER AUF DEN HERRN HOFFT,
DEN WIRD GÜTE UMFANGEN.

PSALM 32,10

Wie Gott **HELFEN** will,
weiß ich nicht,
aber dass er mir hilft,
glaube ich fest.

A. M. WACHSMANN

GOTT IST MEIN SCHÜTZENDER FELS,
MEINE ZUFLUCHT.

PSALM 62,8

Gottes Sorge gilt jedem Einzelnen.
JEDER EINZELNE ist
von Gott geliebt.

P. ALFONS WEISER

Das wahre **GLÜCK** liegt in
der Erkenntnis, dass Gott dich liebt,
so wie du bist.

DIETER LETTER

Alles auf dieser Erde
ist eine **GABE**,
eine Gabe Gottes.

CAROL ANN HIERL

Mögest du in deinem Herzen
dankbar bewahren die kostbare
ERINNERUNG der guten Dinge
in deinem Leben.

IRISCHER SEGENSWUNSCH

Glaube ist das **VERTRAUEN**
auf Gottes Ja zu unserem Leben.

TRUTZ RENDTORFF

Foto: Shutterstock/Sergi Vout

Sei guter Dinge und freue dich,
denn Gott ist **DEIN FREUND.**

MARTIN LUTHER

Du bist der alleinige Gott, der Eine,
der **WUNDERTATEN** vollbringt.

FRANZ VON ASSISI

Wir können Gott
 mit dem Verstande suchen,
 aber FINDEN können wir ihn
 nur mit dem Herzen.

JÓSZEF VON EÖTVÖS

DAS LICHT DER SONNE SEHEN ZU KÖNNEN,
BEDEUTET GLÜCK UND FREUDE.
GENIESSE FROH JEDEN TAG, DER DIR GEGEBEN IST!

PREDIGER 11,7–8

Der Mensch ist für die **FREUDE** geschaffen. Gott will, dass wir alle glücklich werden.

KARDINAL FRIEDRICH WETTER

Wer von Grund auf
JA gesagt hat zu Gott,
ist auf dem Wege,
ihn zu finden.

WALTER REISBERGER

Gott ist so groß,
dass er es wohl wert ist,
ihn ein **LEBEN** lang zu suchen.

TERESA VON AVILA

Der Prüfstein des Glaubens ist die **GEDULD**.

JOSEF BUTSCHER

ER GEBE EUCH IN DER MACHT
SEINER HERRLICHKEIT VIEL KRAFT,
DAMIT IHR IN ALLEM GEDULD
UND AUSDAUER HABT.

KOLOSSER 1,11

An der Hand Gottes dürfen wir leben,
können wir mutig ausschreiten
in ungewisser Zeit.

KARDINAL FRIEDRICH WETTER

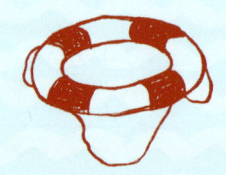

Anderen **MUT** machen,
selbst tapfer vorausgehen,
und Gott wird helfen.

ADOLPH KOLPING

Mögest du die hellen
FUSSTAPFEN DES GLÜCKS
finden und ihnen auf dem
ganzen Weg folgen.

IRISCHER SEGENSWUNSCH

Gott will, dass mir mein Leben

HIER und **JETZT**

gelingt und glückt.

GOTTFRIED STOLL

Überall, wo Menschen mit Gott
einen neuen **ANFANG** machen,
erneuert sich die Welt.

PAUL DEITENBECK

Was immer du
im Leben beginnst,
BEGINNE es mit Gott.

WALTER REISBERGER

NUR ER IST MEIN FELS, MEINE HILFE, MEINE BURG; DARUM WERDE ICH NICHT WANKEN.

PSALM 62,7

Wie **WUNDERBAR** – wunderbar,
dass gerade der, der Hilfe bringen kann,
dass gerade der sagt: Kommet her!

SØREN A. KIERKEGAARD

Ein Leben in Fülle ist
eine geglückte MISCHUNG
aus Glauben, Hoffen und Lieben.

ERNST FERSTL

Nicht die Glücklichen sind dankbar.
Es sind die DANKBAREN,
die glücklich sind.

FRANCIS BACON

VERTRAUEN ist
die Mitte unseres Glaubens.

WALDEMAR PISARSKI

DER GOTT DER HOFFNUNG ERFÜLLE EUCH MIT ALLER FREUDE UND MIT ALLEM FRIEDEN IM GLAUBEN.

RÖMER 15,13

Gott gibt **GLÜCK**,
aber der Mensch
muss es ergreifen.

ADOLPH KOLPING

Gott gibt uns jeden Tag
eine neue **CHANCE**;
wir müssen nur den Mut haben,
sie mit seiner Hilfe zu nutzen.

MARIANNE DINGLER

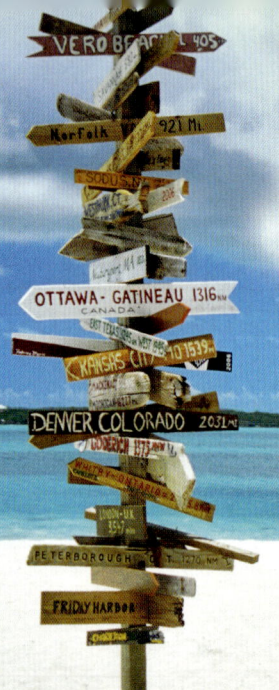

Wer die **WAHRHEIT** sucht, sucht Gott, ob es ihm klar ist oder nicht.

EDITH STEIN

Foto: Thinkstock/iStock/ACMPhoto

ACHTET ALSO SORGFÄLTIG DARAUF,
WIE IHR EUER LEBEN FÜHRT,
NICHT TÖRICHT, SONDERN KLUG.
NUTZT DIE ZEIT.

EPHESER 5,15-16

GOTT IST MIT DIR IN ALLEM, WAS DU TUST.

GENESIS 21,22

Mein Gott, der Gedanke, dass du überall **GEGENWÄRTIG** bist, ist ein großer Trost für uns.

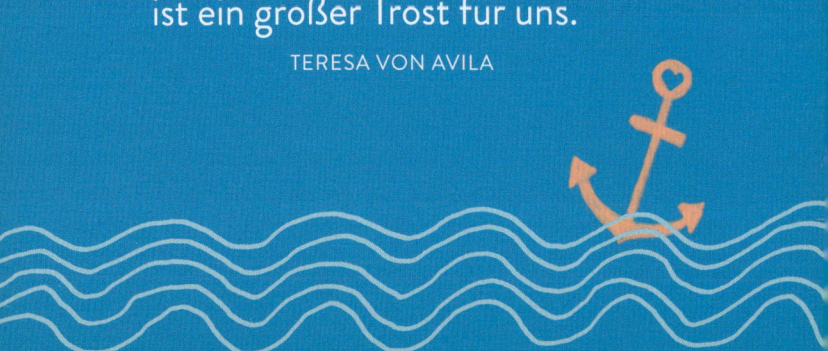

TERESA VON AVILA

Wo ICH gehe, bist du da,
wo ich stehe, bist DU da.

HELGA STORKENMAIER

Wir gehen nie allein.
Gott geht ALLE WEGE mit.

ALFRED DELP

Ich bin an deiner Seite.

Stärkende Worte für den Lebensweg gibt es auf:

www.groh.de
facebook.com/grohverlag

Die nachhaltige Waldbewirtschaftung und die verantwortungsvolle Gewinnung des Rohstoffs Papier ist uns ein Anliegen. Daher werden alle Buch- und Kalender-Neuheiten auf FSC®-zertifiziertem Papier gedruckt.

FSC
www.fsc.org
MIX
Papier aus verantwortungsvollen Quellen
FSC® C012700

ERLEBNISSE **ALLES** GUTE

KRAFT GELASSENHEIT
KLEINE
FREUDEN

Einen guten Tag   ein JA   **SCHENKEN**

An jeder Ecke des Lebens warten neue Herausforderungen auf uns. Der Schritt ins Unbekannte, ein Abschied oder unvorhergesehene Probleme: Ganz egal, welche Steine auf unserem Weg liegen – mit der nötigen Kraft und einer gehörigen Portion Mut lässt sich jede Hürde meistern. Dabei hilft es zu wissen, dass jemand an unserer Seite ist, uns in unserem Vorhaben bestärkt und unterstützt. Alles Gute auf dem Weg wünscht

Euer *Joachim Groh*

Dieses Buch entstand in enger Zusammenarbeit mit meiner Kollegin Steffi Schmauder. Vielen Dank auch an unsere Grafikerin Chandima Soysa und alle anderen Beteiligten, die dieses Buch zu dem gemacht haben, was es ist: einem Geschenk, das von Herzen kommt.
Dorothée Bleker

Idee und Konzept: Groh Verlag. Das Werk einschließlich seiner Teile ist urheberrechtlich geschützt. Jede Verwertung außerhalb der engen Grenzen des Urheberrechtsgesetzes ist ohne Zustimmung des Verlages unzulässig und strafbar. Das gilt insbesondere für Kopien, Einspeicherung und Verarbeitung in elektronischen Systemen. Printed in Malaysia

Textnachweis: Wir danken allen Autoren bzw. deren Erben, die uns freundlicherweise die Erlaubnis zum Abdruck von Texten erteilt haben. Der Text von Hermann von Loewenich auf S. 89 stammt aus: Kirche im Rundfunk. Mit freundlicher Genehmigung: Evangelischer Presseverband für Bayern e.V. - ww.epv.de., das Zitat von Gerhard Ebeling auf S. 95 aus: Gerhard Ebeling, Vom Gebet: Predigten über das Unser-Vater. S.24 © Mohr Siebeck Tübingen. Dem Morus Verlag danken wir für den Text von Alfred Delp auf S. 141 aus: Alfred Delp, Kämpfer, Beter, Zeuge - Letzte Briefe und Beiträge von Freunden © Morus Verlag, Berlin.

Bildnachweis: Cover: Thinkstock/Hemera.

Illustrationen&Layout: Chandima Soysa

ISBN 978-3-8485-1639-1
© GROH Verlag GmbH, 2016